未来に向けてスッキリ整理する！

新エンディングノート

New Ending Note

若尾 裕之

秀和システム

はじめに

memento mori（メメント・モリ）

　この言葉は「自分が必ず死ぬことを忘れるな」という意味のラテン語で、14世紀のペスト流行の後にフランスではやったそうです。

　2011年3月の東日本大震災の際、日本でも死生観が変わった人が多くいます。

　そして、今回の新型コロナウイルスの大流行——。
　医療現場では危険な状態が続き、医師や看護師の方たちのなかには家族のために遺書を残した方もいるそうです。
　医療関係者だけでなく、一般の人のなかでも死生観が変わった人が多くいます。

　私は新型コロナ感染拡大中の2020年4月に"こんな厳しい時代に、私にも何かできることはあるはず""そうだ。私自身の声でみなさんを元気づけたい"との想いから、YouTubeをはじめました。
　私のYouTubeを見た大学生からメッセージをもらいました。
　「もっとも見入ったYouTubeは『死を意識してみる』です。僕は、大病などはまだしたことがありませんが、死はかなり興味があるテーマです。若尾先生がYouTubeのなかで『自分の最期を意識する。自分のなりたい姿を明確に。勇気を出して踏み出す』とおっしゃっており、とても心に響きました。ありがとうございます。若尾先生のシンプルな言葉の裏にある、深い意図や思考をYouTubeで勉強させていただきます」と書かれていました。

　人間の死亡率は100％。早いか遅いかだけで、いつかは人生の最後を迎えます。
　あなたは、人生の最後を誰と、どこで過ごしたいでしょうか？
　人生の最後をどのように迎えられるかで、人生の価値が決まります。

　人生の最後をイメージして、それを最終目標にして逆算して生きることができたら、きっと幸せな日々を送ることができます。
　「自分自身の死をイメージし、今、どのよう生きたいのか」。真剣に考えることこそ、人生でもっとも大切なことです。人生の最後をイメージすることは、人生その

ものを考えることなのです。

　あなたの人生の残りの日数は、何日でしょうか？

　残りの日数を、平均寿命の年齢まで生きるとして計算すると、今あなたが20歳だとしたら約2万日、50歳だとしたら約1万日です。
　しかし、睡眠時間など、自分の自由にならない時間も多いので、有効に使える時間は、その3分の1から5分の1ほどです。
　そう考えると、あなたが50歳だとしたら、2000〜3000日が残りの時間です。1年が365日ですから、正味5〜9年弱です。とても短いことに気づくはずです。

　残りの時間は毎日、減っています。今、この瞬間も持ち時間は減っています。体のなかに、砂時計があり、その砂がこの瞬間も下に落ちているイメージを持ってほしいのです。一度落ちた砂は、二度と上には戻りません。
　それだけ、時間は貴重なものです。時間の長さは平等に与えられていますが、使い方次第で価値に差が出ます。限られた日々を一日一日丁寧に生きることが大事です。

　私は会社員時代の2007年に重度の肝炎で倒れ、死の淵に立ちました。救命救急センターのベッドの上では臨死体験までしましたが、奇跡的に助かりました。
　死に直面したことで人生観が180度変わり、「人間の死ぬ確率は100％。人生は有限。限りある人生なら自分らしく生きたい」と考えるようになりました。それをキッカケに独立・起業しました。今は人生の最後をイメージして自分の人生全体を考える未来デザインを提案しています。

　新型コロナウイルスの影響で、仕事面で大きなダメージがあるなか、3月17日に、私は父を亡くしました。岐阜県で葬儀をおこない、私が喪主をつとめました。
　新型コロナ感染拡大中でのお通夜や告別式は大変でした。
　葬儀社と短時間のなかで感染予防対策の相談をし、参列者の座席の間隔をあけるなどの対策を行ったり、通夜ぶるまいでの飲食の提供を中止するなどしました。
　そんな経験をしたことで、いろいろ感じたことがあります。
　今だからこそ、新発想のエンディングノートが必要ではないかとの想いから、この本を執筆することになったのです。

　　　　　　　　　　　　　　　　　　　　　　　　　　　若尾　裕之

このエンディングノートの趣旨

「あのとき、こうしていたら」「そのときに別の選択をしていれば」など、過去のことを悔んでばかりの人がいます。歴史に〝if〟はありません。過去は変えられないのです。過去のマイナスイメージが手かせ足かせになって、現在の行動に影響していることが多いものです。では、どうすればいいのでしょうか？　過去を整理し、過去と決別することです。そして、未来を変えることです。

　過去が現在をつくり、現在が未来をつくります。未来につながる現在の行動を変えましょう。過去は絶対に変えられませんが、未来は変えられるのです。

　逆に、過去の成功体験や実績にこだわる人がいます。実績を自信にすることはよいことですが、過去の成功はあくまで過去のことです。あまりにも過去にこだわり過ぎると、それを越えることはできません。

　とくに、社会の大変革期を迎えている今はなおさらです。前に進むためには、いったん過去を封印すべきです。一度、立ちどまり、深呼吸をしてみましょう。そして、今できることに最善をつくすことが大切です。前を向いて歩いていけば、きっとステキな未来への道が開いています。

もくじ

このノートの書き方

筆が進まないところは後まわし

　エンディングノートにまつわるアンケートを見ると、「エンディングノートを買ってみたはいいものの、1行も書いてない」「前に買ったエンディングノートが行方不明になり、また新しいエンディングノートを買ってしまった」など、筆が進まない人が多いようです。

　書きたくない部分やページを、無理して書く必要はありません。書きたいところから始めて、思いついたらまた書き進める、という感じで、少しずつでかまいません。

　「書いてみようかな」という気持ちになったら、新しい自分になったような気持ちで、自由な発想で書いてみてください。

鉛筆・消えるペンはNG

　鉛筆やこすると消えるペンなど、後から上書きできるもので書くのはNGです。書き直しや訂正は、該当箇所を二本線で消して、空いたスペースに追記しましょう。

パスワードの保管場所について

　各種カードのパスワードや通帳の保管場所をこのノートに明記すると、万一、ノートを紛失したり、盗難にあってしまったりすると大変になります。そこで、パスワードは別紙に書いておき（とくにキャッシュカードとクレジットカード）、家族にはわかる暗号を書いておくのも、ひとつの方法です。

データを出力して貼ろう

　このエンディングノートは、自分の未来を設計するためのものですが、遺される家族のためのものでもあります。「自分だけがわかればよい」というよりは、遺される人もわかりやすいよう、整理済みのデータを出力して貼っておきましょう。

　また、「友人・知人が50人ぐらいいる」という方は、書き込む前にコピーして、氏名と連絡先を追記していき、ノートに貼っておきましょう。

※このエンディングノートに法的拘束力はありません。

第 1 章

私に関すること

思い出の1枚を貼りましょう

撮影日：　　　年　　月　　日　　撮影場所：

データの場合の保管場所：

私について

<ruby>氏<rt>ふ</rt></ruby> <ruby>名<rt>りがな</rt></ruby>	

氏　名

生年月日　　　　　　　　　　　　年　　　　　月　　　　　日

出 生 地

本 籍 地

現 住 所　〒

TEL

携帯電話

メール　　パソコン
アドレス　携帯電話

Facebook アカウント

LINE アカウント

その他 SNS アカウント

もしものときに
連絡してほしい組織名

　　　　　TEL

　　　　　URL

健康保険証（種類・記号番号など）

介護保険証（記号番号など）

老人保険証（記号番号など）

年金基礎番号

パスポート記号番号

その他

●学歴

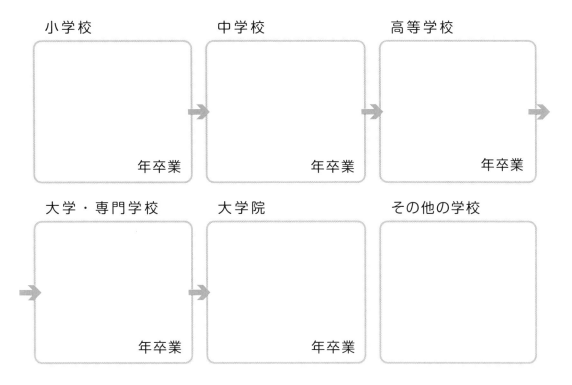

小学校

年卒業

中学校

年卒業

高等学校

年卒業

大学・専門学校

年卒業

大学院

年卒業

その他の学校

●職歴

自分を研究する

　あなたは自分の姿を見たことがありますか？

　「毎日、自分の姿を見ています」と言う人がいるかもしれません。しかし、それは鏡や写真に映された姿ですよね。生の姿を見たことがある人は誰ひとりとしていません。

　つまり、自分が自分のことをもっとも知らないともいえるのです。

　孫子の兵法に「彼を知り己を知れば百戦殆うからず」という有名な言葉があります。相手のことも自分のことも状況をしっかり把握していれば、何回戦っても負けないという意味ですが、自分のことを研究し、よく知ることが大切です。

　しかし、自分のことを客観的に見ることはとても難しいです。第三者が見たり、感じたりしたあなたと、自分自身が思っているあなたには、大きなへだたりがあるものです。

　まずは自分を俯瞰して見るクセをつけましょう。そうすれば、主観的に考えていたときには見えていなかった自分が見えてきます。

　ここをこうすればもっといいのに――というような気づきもありますし、自分のよいところに気づいて笑うことができたりするかもしれません。

　自分を詳しく分析すること（以下、自分研究）は幸せな人生をおくるために、とても大切なことです。あなたにはほかの人にない魅力があるはずです。

　人は、つい自分と他人を比較して一喜一憂することがあります。しかし、自分と役割が違う他人と比較しても意味がないのです。すべての人の性格や能力が異なります。得意なことや好きなことが一人ひとり違うのです。

　自分の好きなことをみつけ、強みを生かし、自分らしく生きればよいのです。自分の長所・短所を知り、等身大で自分らしく生きられたら、その先には幸せが待っています。

　給料、学校、会社、結婚相手、子ども、家、車、何でも人との比較でしか判断できない人がいます。たとえば、自分のほうが、友だちの学校より偏差値が高いか低いかが気になります。自分の会社が知人の会社と比べて規模が大きいか小さいかが気になります。

　自分の満足を、人との比較でしか得られないのはさびしいことです。上を見て悔しがっても意味がないことです。逆に下を見て安心しても意味がありません。

　なぜなら、あなたは唯一無二の存在なのです。

　もし比較するとしたら、「昨日の自分より今日の自分が成長した」と、自分自身と比べることです。自分の価値は自分で決めることが大事なのです。

　人は生まれたときから、それぞれの役割が与えられています。顔も違えば、性格も、すべての人が違います。これは、役割が違うからです。

　しかし、残念ながら、自分の役割に気づかず、自分に合わない生き方をしている人が多いのです。

　早く、自分の役割に気づくことが重要なのです。

　自分の役割を知り、それを楽しみ、生きられたら幸せです。

　「人はひとりで生まれ、ひとりで死んでいく」ことこそ人生の真理です。

　だからこそ、自分のことを大切にすべきです。自分の好きなことをみつけ、好きなことをやっていきたいものです。そのためには、自分研究が不可欠です。

　自分の好きなこと・嫌いなこと、得意なこと・苦手なことを分析することです。

　自分自身の本当の姿を知りましょう！

　まずは、あなた自身のことを研究してみてください。

　みんな、「自分にとって何が一番大切なのか？」「これから何をしたいのか？」ということは、潜在意識のなかで知っているものです。それが、人生の夢や目標のはずなのに見ようとしない人がたくさんいます。頭のなかで「無理だ」「できるわけがない」「こんなこと言ったら他人から笑われる」などと否定してしまっているのです。

　自分の気持ちに素直になれば、夢や目標がはっきり見えてくるはずです。素直になれば、きっと幸せな人生への道が開けます。

　往年の大女優オードリー・ヘップバーンは「死を前にしたとき、みじめな気持ちで人生をふり返らなくてはならないとしたら、いやな出来事や逃したチャンス、やり残したことばかりを思い出すとしたら、それはとても不幸なことだと思うの」と言っています。

　「終わり良ければすべてよし」です。

私の思い出

◉幼いころ

いちばん楽しかったこと

◉小学校・中学校時代

得意科目

クラブ活動

習い事

好きだった人

印象に残っている先生・言葉

打ち込んでいたこと

◉高等学校時代

得意科目

クラブ活動

習い事

好きだった人

印象に残っている先生・言葉

打ち込んでいたこと

◉大学・そのほかの学校時代

楽しかった思い出

好きだった人

好きだったこと

● 社会人時代

楽しかった思い出

やりがいのあった仕事

お世話になった人

● 今までの人生でいちばん楽しい思い出は

● 今まで行ったなかでいちばんすてきな場所は

● 仕事など、過去のキャリアでもっとも誇れること

趣味・好きなもの

趣　味

特　技

好きな食べもの

好きな場所

好きな国

好きな歌

好きなスポーツ（自分がする）

好きなスポーツ（自分が観る）

好きな動物

好きな花

好きな色

好きな映画

好きな本

好きなテレビ番組

好きなラジオ番組

好きなYouTube

好きなブランド

好きな季節

気持ちよく感じる時間帯

そのほかの好きなもの

好きな人

尊敬する人

好きな有名人

好きなタイプの人

仲のいい人

● 自分のよいところ

● 自分がこうしたらいいなと思うところ

● 利用していたSNS (パスワードなどはP.70へ)

未来をデザインする

『あなたの人生という映画の脚本を書く』

　未来の困難な問題や不幸な出来事を心配して悩んでばかりいる人がいます。

　しかし、その問題はほとんどの場合は起こりません。起こる可能性の極めて低い悲しみで頭のなかがいっぱいだと、明るく楽しいことを考えるすき間がなくなってしまいます。

　未来を心配するのはやめましょう。未来に起こってほしい、明るく楽しい出来事だけを考えるようにすると毎日が幸せになります。

　すべての人には、その人だけの人生があります。

　人生はドラマチックな長編映画のようなものです。

　映画や小説では、ストーリーのなかで悲しい出来事が起きたり、つらい状況に置かれますが、主人公が逆境を乗り越え、ハッピーエンドを迎えるから感動するのです。

　あなたに悲しい出来事があったときに「つらい」と思い悩むのではなく、映画の主演俳優として、悲しいシーンを演じていると考えたら、大変な出来事も乗り越えることができ、楽しい人生を送ることができます。

　これからの未来はあなたが自由に脚本を書き、演出し、主人公を演じるのです。

　あなたは、脚本家であり、監督であり、主演俳優なのです。

　まず、脚本家として、最高のストーリーを書いてみませんか？

　未来デザインシートは、脚本を書く前の簡単なあらすじ（ひな形）のようなものと考えてください。ひな形を参考に、あなたの理想の未来の人生を描いてください。ワクワクしたり、ウキウキしながら書いたら、すてきな未来デザインシートが完成するでしょう。

　そのためには、もちろん仮定なのですが、自分の人生最後の日をまず決めましょう。そうすると、自分のやりたいことが見えてくるはずです。

人生最後の日
　　　　　　　年　　　月　　　日　　　今日から残り　　　　　　　　　日

◉これからの希望

◉やってみたいこと

◉行ってみたい場所

◉そのほかの希望

未来デザインシート

	私の人生	パートナーの人生	子ども・孫
● 人生の最後の日 　　年　　月　　日	歳	歳	
● 今日 　　年　　月　　日	歳	歳	

私の生きがい								備考
仕事	勉強	趣味	旅行	家	ボランティア	ペット	そのほか	

体の情報

血液型　　　　　　　　　　　型　RH（＋・－）

◉かかりつけの医療機関

医療機関名

TEL

担当医師名

診察券の保管場所

医療機関名

TEL

担当医師名

診察券の保管場所

おくすり手帳の
保管場所

◉最近の健康診断

実　施		年　月　　日	診断表の 保管場所

特記事項

● 過去10年以内にかかった大きな病気・けが

病名・けが			
時期	年　　月ころ〜 　年　　月ころ	年　　月ころ〜 　年　　月ころ	年　　月ころ〜 　年　　月ころ
手術の有無	□ 有　　□ 無	□ 有　　□ 無	□ 有　　□ 無
治療した 病院など			

● 持病

病名			
発症時期	年　　月ころ	年　　月ころ	年　　月ころ
経過・治療結果			
常用している 薬名			
薬の服用回数			
薬の保管場所			

● アレルギーや健康上の注意点など

家族について

ふりがな 氏　　名	生年月日　　　年　　月　　日
	続　柄

住　　所　〒

電　　話	携帯電話

メールアドレス

入院時連絡　　□ する　　　□ 連絡は不要

「もしものとき」の連絡　　□ 危篤時　　□ 通夜・葬儀時　　□ 死亡通知のみ　　□ 連絡は不要

メッセージ　　□ 本書に書き残している（→P　　　　）　　□ 書き残していない

備考

ふりがな 氏　　名	生年月日　　　年　　月　　日
	続　柄

住　　所　〒

電　　話	携帯電話

メールアドレス

入院時連絡　　□ する　　　□ 連絡は不要

「もしものとき」の連絡　　□ 危篤時　　□ 通夜・葬儀時　　□ 死亡通知のみ　　□ 連絡は不要

メッセージ　　□ 本書に書き残している（→P　　　　）　　□ 書き残していない

備考

ふりがな 氏　　名	生年月日　　　年　　月　　日
	続　柄

住　　所　〒

電　　話	携帯電話

メールアドレス

入院時連絡　　□ する　　　□ 連絡は不要

「もしものとき」の連絡　　□ 危篤時　　□ 通夜・葬儀時　　□ 死亡通知のみ　　□ 連絡は不要

メッセージ　　□ 本書に書き残している（→P　　　　）　　□ 書き残していない

備考

　家族の基本情報を記入するページです。パソコンなどにデータ記入している場合はプリントアウトし、貼っておきましょう。

ふりがな 氏　名	生年月日　　　年　　月　　日
	続　柄

住　所	〒
電　話	携帯電話

メールアドレス

入院時連絡　　□ する　　　　□ 連絡は不要

「もしものとき」の連絡　　□ 危篤時　　□ 通夜・葬儀時　　□ 死亡通知のみ　　□ 連絡は不要

メッセージ　　□ 本書に書き残している（→P　　　）　　□ 書き残していない

備考

ふりがな 氏　名	生年月日　　　年　　月　　日
	続　柄

住　所	〒
電　話	携帯電話

メールアドレス

入院時連絡　　□ する　　　　□ 連絡は不要

「もしものとき」の連絡　　□ 危篤時　　□ 通夜・葬儀時　　□ 死亡通知のみ　　□ 連絡は不要

メッセージ　　□ 本書に書き残している（→P　　　）　　□ 書き残していない

備考

ふりがな 氏　名	生年月日　　　年　　月　　日
	続　柄

住　所	〒
電　話	携帯電話

メールアドレス

入院時連絡　　□ する　　　　□ 連絡は不要

「もしものとき」の連絡　　□ 危篤時　　□ 通夜・葬儀時　　□ 死亡通知のみ　　□ 連絡は不要

メッセージ　　□ 本書に書き残している（→P　　　）　　□ 書き残していない

備考

家について

●家系図

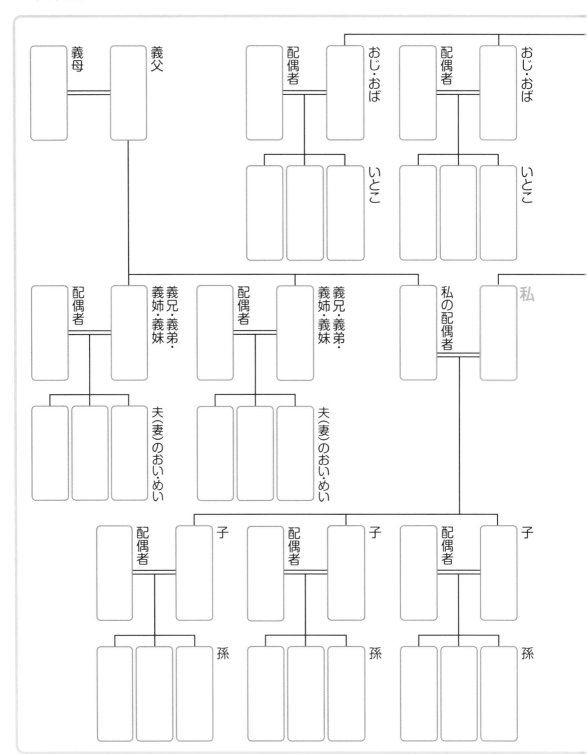

名前が不明の人も、その存在がわかるように印などをつけておきましょう。

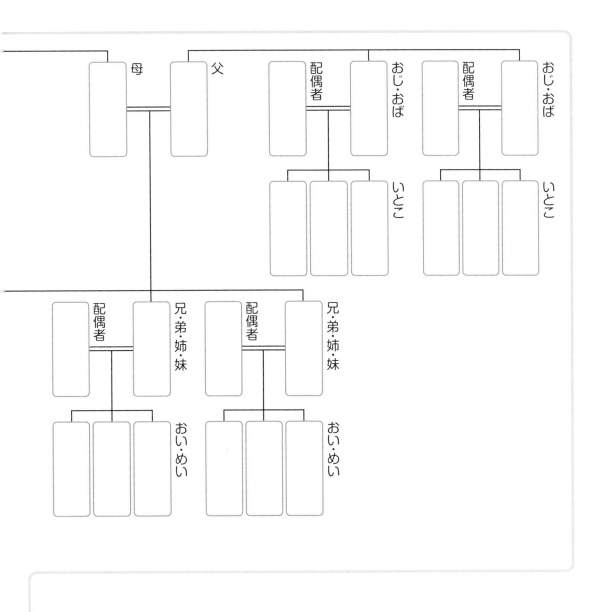

●父・母・親族の命日

ふりがな 氏　　名	続　柄	命　日	年　　　月　　　日 （享年　　歳）
ふりがな 氏　　名	続　柄	命　日	年　　　月　　　日 （享年　　歳）
ふりがな 氏　　名	続　柄	命　日	年　　　月　　　日 （享年　　歳）

親族について

ふりがな 氏　名		続柄		電話	
住　所　〒				携帯電話	

入 院 時 連 絡　　□ する　　　　□ 連絡は不要

「もしものとき」の連絡　　□ 危篤時　　　□ 通夜・葬儀時　　　□ 死亡通知のみ　　　□ 連絡は不要

メッセージ　　□ 本書に書き残している（→P　　　）　　　□ 書き残していない

備考

ふりがな 氏　名		続柄		電話	
住　所　〒				携帯電話	

入 院 時 連 絡　　□ する　　　　□ 連絡は不要

「もしものとき」の連絡　　□ 危篤時　　　□ 通夜・葬儀時　　　□ 死亡通知のみ　　　□ 連絡は不要

メッセージ　　□ 本書に書き残している（→P　　　）　　　□ 書き残していない

備考

ふりがな 氏　名		続柄		電話	
住　所　〒				携帯電話	

入 院 時 連 絡　　□ する　　　　□ 連絡は不要

「もしものとき」の連絡　　□ 危篤時　　　□ 通夜・葬儀時　　　□ 死亡通知のみ　　　□ 連絡は不要

メッセージ　　□ 本書に書き残している（→P　　　）　　　□ 書き残していない

備考

ふりがな 氏　名		続柄		電話	
住　所　〒				携帯電話	

入 院 時 連 絡　　□ する　　　　□ 連絡は不要

「もしものとき」の連絡　　□ 危篤時　　　□ 通夜・葬儀時　　　□ 死亡通知のみ　　　□ 連絡は不要

メッセージ　　□ 本書に書き残している（→P　　　）　　　□ 書き残していない

備考

　親族について記入するページです。備考欄にはその人のパートナーや子どもの名前、連絡先などについて書いておくと便利です。親しい親族の命日を書いておくと法要を行う年などの参考になります。

ふりがな 氏　　　名		続　柄	電　　話
住　　　所　〒			携帯電話

入 院 時 連 絡　　□ する　　　□ 連絡は不要

「もしものとき」の連絡　　□ 危篤時　　□ 通夜・葬儀時　　□ 死亡通知のみ　　□ 連絡は不要

メ ッ セ ー ジ　　□ 本書に書き残している（→P　　　）　　□ 書き残していない

備考

ふりがな 氏　　　名		続　柄	電　　話
住　　　所　〒			携帯電話

入 院 時 連 絡　　□ する　　　□ 連絡は不要

「もしものとき」の連絡　　□ 危篤時　　□ 通夜・葬儀時　　□ 死亡通知のみ　　□ 連絡は不要

メ ッ セ ー ジ　　□ 本書に書き残している（→P　　　）　　□ 書き残していない

備考

ふりがな 氏　　　名		続　柄	電　　話
住　　　所　〒			携帯電話

入 院 時 連 絡　　□ する　　　□ 連絡は不要

「もしものとき」の連絡　　□ 危篤時　　□ 通夜・葬儀時　　□ 死亡通知のみ　　□ 連絡は不要

メ ッ セ ー ジ　　□ 本書に書き残している（→P　　　）　　□ 書き残していない

備考

ふりがな 氏　　　名		続　柄	電　　話
住　　　所　〒			携帯電話

入 院 時 連 絡　　□ する　　　□ 連絡は不要

「もしものとき」の連絡　　□ 危篤時　　□ 通夜・葬儀時　　□ 死亡通知のみ　　□ 連絡は不要

メ ッ セ ー ジ　　□ 本書に書き残している（→P　　　）　　□ 書き残していない

備考

友人・知人について

<ruby>氏<rt>ふ</rt></ruby>　　名　　　　　　　　　　　　　　　　関　係

電　　話　　　　　　　　　　　　携帯電話

メールアドレス

Facebook　　　　　　　　　　　LINE

氏　　名　　　　　　　　　　　　　　　　関　係

電　　話　　　　　　　　　　　　携帯電話

メールアドレス

Facebook　　　　　　　　　　　LINE

氏　　名　　　　　　　　　　　　　　　　関　係

電　　話　　　　　　　　　　　　携帯電話

メールアドレス

Facebook　　　　　　　　　　　LINE

氏　　名　　　　　　　　　　　　　　　　関　係

電　　話　　　　　　　　　　　　携帯電話

メールアドレス

Facebook　　　　　　　　　　　LINE

　家族にもわかるよう、フルネームで記入しましょう。別途、住所録を作っている人は、このノートと同じ場所で保管しておきましょう。

ふりがな		
氏　　名		関　係

電　　話	携帯電話

メールアドレス

Facebook	LINE

ふりがな		
氏　　名		関　係

電　　話	携帯電話

メールアドレス

Facebook	LINE

ふりがな		
氏　　名		関　係

電　　話	携帯電話

メールアドレス

Facebook	LINE

ふりがな		
氏　　名		関　係

電　　話	携帯電話

メールアドレス

Facebook	LINE

友人・知人について

ふりがな 氏　名	関　係	携帯電話

所属団体（グループ）について

死亡後には退会の手続きが必要な所属団体を記入します。

名　　　　称	
担 当 者 名	
サイトURL	Facebook
電　　　　話	LINE
メールアドレス	
備考	

名　　　　称	
担 当 者 名	
サイトURL	Facebook
電　　　　話	LINE
メールアドレス	
備考	

名　　　　称	
担 当 者 名	
サイトURL	Facebook
電　　　　話	LINE
メールアドレス	
備考	

メモ

みんなへのメッセージ

●家族・親族へ

さんへ

この人のこと（→P　　　）

さんへ

この人のこと（→P　　　）

さんへ

この人のこと（→P　　　）

さんへ

この人のこと（→ P　　　）

さんへ

この人のこと（→ P　　　）

さんへ

この人のこと（→ P　　　）

大切な人へのメッセージ

友人・知人など、大切な人への感謝の気持ちを言葉に残しましょう。

さんへ

この人のこと（→P　　　）

さんへ

この人のこと（→P　　　）

さんへ

この人のこと（→P　　　）

さんへ

この人のこと（→P　　　）

さんへ

この人のこと（→P　　　）

さんへ

この人のこと（→P　　　）

大切な人へのメッセージ

●友人・知人へ

さんへ

この人のこと（→P　　　）

さんへ

この人のこと（→P　　　）

さんへ

この人のこと（→P　　　）

第 2 章

私の"もしものとき"のこと

　ここでは、介護や死のあり方、葬儀の方法などについて自分の希望をチェックし、必要がある項目には私が考えたうえで決めておいたことや意思について、記入しておきましょう。

　遺される者たちが、もしものときに、いろいろ迷ったり、近親者のあいだでもめたりしないよう、できれば具体的に書いておくことが望ましいでしょう。

介護・看護についてのポイント

　以前と比べて、日本人の平均的な「寝たきり期間」は長くなっていることから、介護する人たちの負担が増加しています。また、歳を重ねると、記憶力が低下し、ハッキリとした意思表示が難しくなります。病気や高齢になってから介護や看護に必要になる前に、要望を記入しておくことが大切です。

● 高齢や介護・看護が必要になったときの財産管理

● 委任契約とは

　高齢や病気で財産管理が難しくなった人が、第三者の専門家などに事務手続きを委任する契約を結ぶことです、契約者公正証書にもできます。認知症などを患う前に、任意後見契約（→下記）、公正証書遺言（→P.77）と併せて作成しておきましょう。

● 成年後見制度とは

　認知症や知的障がい、精神障がいなどで判断力が不十分な人に代わって、契約や財産管理を行える人を設定できる制度です。後見人には財産の管理、物品の購入、介護・福祉サービスの契約など、日常生活全般にわたって支援を託すことができます。

　判断能力が低下してから本人、家族、市区町村長などの申し立てによって家庭裁判所が後見人を選ぶ「法定後見制度」と、本人が判断能力があるうちに、将来にそなえて本人が後見人を選んでおく「任意後見制度」があります。

　「法定後見制度」は2020年現在、後見人と家族のあいだでトラブルが起きている事例が見られるため、「任意後見制度」を結んでおくことをおすすめします。

● 任意後見制度

　本人が判断能力のあるうちに将来の不安にそなえて、本人が後見人を選定し、希望する支援内容を定めて公正証書で契約を結んでおく制度です。後見人には自分の身近な人を選ぶこともできますし、弁護士や司法書士、社会福祉士、税理士などの専門家を支援内容に応じて複数選任しておくことも可能です。契約には、公正証書が必要で、公証役場で契約を結び、法務局に登記します。身近に適当な後見人がいない場合には、公証人が信頼できる団体を紹介してくれます。

終末医療についてのポイント①

　延命治療をするかどうかなどの大きな決断を、家族が医師などから促されたときに悩まなくてすむよう、私の意思を記しておきましょう。臓器提供と献体についても併せて、記入をしましょう。医療の画期的な進歩、指定感染症の流行などによって事情が変わるので、考えが変わったら随時、書き替えましょう。

◉延命治療

◉尊厳死とは

　病気が治る見込みがなく、患者が耐え難い苦痛のなかにいても日本の医師は必死の延命治療を行います。しかし、たんに延命のための治療は必要ないという考えの人もいます。

　尊厳死とは、苦痛をとり除く処置（モルヒネなどの薬物を使用して行う緩和ケア）以外の延命治療によって患者の尊厳が損なわれるのを避けるために、自分の意思で延命治療をやめてもらい、安らかに、人間らしい死をとげることです。

　意思の表明は、①尊厳死公正証書にしておく、②日本尊厳死協会などに宣言書を委託する方法があります。

◉尊厳死公正証書とは

　公証人に公正証書を作成してもらいます。公証役場に行くのは本人だけでいいですが、事前に家族の同意を得ておくとなおいいでしょう。

◉リビング・ウイルとは

　日本尊厳死協会は、人間としての尊厳ある死を自己決定しようと「終末期医療における事前指示書」（リビング・ウイル）の普及に努めています。安らかで自然な死を迎えたいという意思を元気なうちに指示書に記入し、入会登録をすると、同協会から原本証明書付のコピーが送られてきます。これを家族など近親者に渡し、必要に応じて医師に提示してもらいます。医師に理解してもらえない場合は同協会がアドバイスします。

> 日本尊厳死協会ホームページ
> https://songenshi-kyokai.or.jp/

終末医療についてのポイント②

● 新型肺炎の流行時には

2020年に流行が始まった新型コロナウイルスは、感染して発症すると、人によっては重症化のスピードが非常に速いことが判明しています。人工呼吸器をつけても悪化した場合、人工心肺装置（ECMO）の実施が行われます。人工心肺装置をつけるときの決断は、患者の様子をみながら、医師がスピード感をもって行うことになります。そのとき、家族に説明があると思いますが、あわただしい雰囲気のなかで決めなければならず、家族が悩んだり考えたりする時間の余裕はありません。

また、新型コロナウイルスに罹患すると、呼吸が非常に苦しくなる期間がほかの病気よりも長くなるため、尊厳死を望む人たちも人工呼吸器をつけるかつけないか、さらに人工心肺装置（ECMO）をつけるかつけないか、あらためて考える必要があります。

● 臓器提供とは

重い病気や事故などにより、臓器の機能が低下し、移植でしか回復の見込みがない方に対して臓器を提供することを「臓器提供」といいます。1997年施行の臓器移植法により、臓器提供や脳死判定について本人の意思表示があれば、脳死判定されたあと、15歳以上なら臓器提供が可能になりました。2010年の法改正後は、本人の書面による意思表示がなくても、家族が脳死判定の実施・脳死判定後の臓器の摘出について書面承諾した場合、脳死後の臓器提供ができるようになりました。この法改正により、15歳未満の脳死後の臓器提供も可能となりました。

また、新型コロナウイルス感染症を患って亡くなった方は、臓器提供を行えない可能性が高いです（2020年7月現在）。

①インターネットサイトに登録する

日本臓器移植ネットワークのサイトにアクセスし、国内での死後の臓器提供に関する意思を登録できます。

②健康保険証や運転免許証の意思表示欄に記入

健康保険証や運転免許証、マイナンバーカードの裏面に、臓器提供意思表示欄がありますので、そこに記入してください。

③意思表示カードに記入

①や②を利用できない場合、役所・保健所・郵便局・一部のコンビニなどに設置されている「意思表示カード」に記入し、所持します。

● ホスピスとは

末期がん患者など死期の近い患者に対して、最期を安らかに過ごせるように援助するプログラムのことで、病院のほか、在宅でも実施されています。身体的な苦痛の緩和中心の症状コントロールや精神的援助、家族への援助など、一人ひとりに合わせたケアを行いますが、延命措置は行いません。

● アイバンクとは

死後（心停止後）に眼球を提供すると、角膜移植待機患者にあっせんしてくれます。献眼登録をすると登録証が送られてくるので、携帯し、家族には登録していることを伝えておきます。

また、新型コロナウイルス感染症によって亡くなった方は、眼球提供を行うことはできません（2020年7月現在）。

● 献体とは

医科または歯科大学における人体解剖学の教育・研究に役立てるために、自分の遺体を無条件・無報酬で提供することです。希望者は医歯学系大学か献体協会などに、生前に登録をしますが、本人の意思と家族の同意が必要です。

献体を行う場合は通夜・葬儀をすませたあと、火葬場ではなく大学に遺体を運びます。または死後すぐに献体を行うことも可能です。解剖実習が終わると、火葬し、遺骨は遺族に返されます。火葬費・搬送費などは大学が負担します。なお、遺骨が戻るまで1〜3年かかる場合もあります。

● エンバーミングとは

遺体衛生保全処理のことをエンバーミングといいます。遺体に対して洗浄・殺菌・防腐・顔の整え・必要に応じた修復、を行う処置のことです。腐敗や感染防止のために、遺体に薬液を注入し、血液を排出します。処置後、約2週間は遺体が腐敗しにくくなり、衛生的にも保全されます。生前のきれいな顔でお別れすることができるため、遺族の気持ちをやわらげる効果をもたらすとともに、故人とのお別れの時間をたっぷりもつことも可能になります。

介護・看病について

　認知症、ほかの病気などで、自らの判断する能力が低下したり、コミュニケーションがうまくとれなくなったりしたときの介護・看病について、希望を記入します。

◉入院したときに看病をお願いしたい人

☐　配偶者

☐　子ども　　　　　名前

☐　そのほかの人　　　名前

◉認知症や寝たきりになったときの介護

☐　配偶者にしてほしい

☐　子ども（とその配偶者）にしてほしい　　　名前

☐　そのほかの人にしてほしい　　　　　　名前

☐　介護保険によるサービスを利用して家族に介護してほしい

☐　プロのヘルパーやケアサービスでしてほしい

理由

◉認知症や寝たきりで要介護になったときの場所

☐　自宅で家族に介護してほしい

☐　自宅でプロのヘルパーなどに手伝ってもらいながら家族と過ごしたい

☐　症状の状態にかかわらず、病院や介護施設で介護してほしい

理由

●介護や医療にかかる費用

- □ 私の預貯金や年金でまかなってほしい
- □ 加入している保険がある

| 保険会社 | 保険名 | 連絡先 |

- □ 家族で工面してほしい　　お願いしたい人の名前

●認知症や寝たきりで要介護になったときの財産管理

- □ 配偶者や子どもに一任する
- □ 後見人を決めている　　　　　任意後見契約　□ 有 □ 無

　　具体的に　　氏名

　　　　　　　　電話番号

　　　　　　　　メールアドレス

- □ 特定の人に任せたいが、まだ頼んではいない

理由

●介護・看病に関する要望

●食べもののこと

アレルギー食材　□ 有　□ 無

苦手で食べられない食材

好きなメニュー　　　　　　好きなスイーツ・くだもの

好きな味つけ　□ 濃い　□ 薄い　□ 甘い　□ 辛い　□ そのほか（　　）

●身のまわりのこと

手元に置いておきたいもの

苦手なにおい

●服装のこと

好きな服

終末医療や死後のこと

◉自分以外の判断を必要とする場合、意見を尊重してほしい人

氏　名

連　絡　先

（→P　　参照）

◉病名・病状告知

☐　病名も病状もすべて告知してほしい

☐　病名も病状も告知しないでほしい

◉余命があと数カ月と言われたときの要望

◉ホスピス

☐　もしもの場合はホスピスに入れてほしい

　　希望の施設名

　　連絡先

　　費用の手当て

　　要望など

☐　ホスピスには入りたくない

◉延命治療

☐ できる限りの延命治療を望む

☐ 苦痛緩和治療は希望するが、延命のみの治療は不要

☐ 延命治療は望まず、尊厳死を希望する

☐ 尊厳死公正証書を作成している

　　保管場所

☐ 尊厳死の宣言書 (リビング・ウイル) を作成している

　　コピー保管場所

理由として

◉新型コロナウイルス感染症発症時、延命治療について追記

☐ 新型コロナウイルスにより、ひどく苦しんでいても
　　人工呼吸器はつけないでほしい

☐ 新型コロナウイルス感染症により、会話ができず、
　　ひどく苦しんでいるようだったら人工呼吸器をつけてほしい

☐ 人工呼吸器をつけたあと、より悪化したときは、
　　人工心肺装置 (ECMO) をつけてほしい

☐ もしも意識がほとんどなくなり、状態の改善の見込みがない場合、
　　人工呼吸器やECMOを中止してほしい

☐ 家族に一任する

上記の理由やほかの要望、懸念点などについて

臓器提供や献体

☐ 臓器提供意思表示カードをもっている

カードの携帯・保管場所

☐ アイバンクに登録

登録証の携帯・保管場所

☐ そのほかの臓器提供に登録している

登録団体

連　絡　先

☐ 献体に登録している

団　体　名

連　絡　先

☐ 臓器提供・献体については希望しない

● 遺体衛生保全処置（エンバーミング）

☐ 希望する

☐ 希望しない

その他の希望

大事なペットのこと

　引き取り手のないペットは保健所で殺処分される場合がありますので、遺された
ペットをだれかに託す必要があります。

名　前	性別：	性別：
種　類		
生年月日	年　　月　　日	年　　月　　日
性　格		
血統書	☐ 有　保管場所 （　　　　　　　　　　） ☐ 無	☐ 有　保管場所 （　　　　　　　　　　） ☐ 無
登録番号		
エサ		
オヤツ		
好きな遊び		
過去の病気・ケガ		
避妊・去勢手術	☐ 有　☐ 無	☐ 有　☐ 無
飼育場所		
散歩の頻度		
かかりつけの動物病院名 （連絡先）		
予防接種(狂犬病接種番号、 接種時期など)		
加入しているペット保険 （会社名・連絡先）		
保険内容 （請求方法など）		
もしものときは	☐ 家族・親族の判断に任せる ☐ 特定の人・団体に託す （→　　　　　　　　　　）	☐ 家族・親族の判断に任せる ☐ 特定の人・団体に託す （→　　　　　　　　　　）

実父の葬式について

　私事ですが、2020年3月17日に父が亡くなりました。

　父の場合、病気で体が不自由になっても長生きしたため、葬儀に参列した人のなかで、元気だったころの父を知っている人が少なかったことが寂しかったです。そのため、私が喪主の挨拶の際に、元気だったころの父のことをわかってもらえるようにしました。

　葬儀会館ではピアノ演奏があり、希望の曲を流してもらうことができました。

　父は大学生のころは東京で暮らし、シャンソン喫茶の銀巴里（ぎんパリ）に通い美輪明宏（当時の芸名は丸山明宏）さんなどのシャンソンを聴いていたそうで、カラオケでもシャンソンを歌っていました。あとは『マイウエイ』や『昴（すばる）』も好きでした。

　それを葬儀社の担当者に伝え、好きだった曲をピアノで演奏してもらいました。

　『サン・トワ・マミー』と『昴』を演奏してもらった後、私から「父が好きだったマイウエイを、父が歌っていると思って聴いてください」と話し、『マイウエイ』を演奏してもらいましたが、参列された人の多くが泣いていました。

　また、父は食べ物では鰻（うなぎ）が好物でしたので、焼いた鰻をお棺におさめてもらいました。

　故人のプロフィルや好きなことを伝えることは大事なことだと再確認できました。

　父の葬儀を執り行ってもらった葬儀社は親戚から紹介された岐阜県多治見市にある「豊格院」でした。参列者に配られた「妻から夫への想い」というタイトルの「栞（しおり）」には、父との想い出、プロフィル、あいさつ、夫婦で訪れた知床五湖の写真まで掲載されていました。通夜の前に栞を読んだところ、元気だったころの父との思い出がよみがえり、また母から父への愛情を感じ、感動しました。豊格院では時間をかけて遺族からしっかり取材して栞を作成しているそうです。参列者の待ち時間に読んでもらうために考えられたそうですが、遺族としてとてもうれしかったです。

　また、故人の好きだった食べ物を訊いて買いに行き、お棺におさめてもらえます。わざわざ15km離れたお菓子のお店まで買いに行くこともあるそうです。亡くなる前は好きなものを食べられないことが多いので、最後の晩餐ともいえるサービスです。

　明るいカラーの制服姿の女性のコンシェルジュが遺族のサポートをしてくれました。遺族は深い悲しみに加え、短時間でさまざまなことを決定・実行しなければならず、ストレスがかかりますが、コンシェルジュが遺族の立場に立って考えてくれるので安心できました。

　特に新型コロナウイルス感染拡大の時期で、葬儀の進め方も考えなければならなかったのですが、遺族の要望を聞いて式場内の座席の間隔を広げてもらうなど、すばやく対応してもらい、ありがたかったです。

　また孫が御霊前へ進み、祭壇のローソクに灯をともす「献灯の儀」と言われる儀式も遺族参加型でよかったです。思い出を振り返りながら、孫が灯を灯す姿を見ると感激します。

　また、消毒液設置はもちろん、定期的な式場の換気・館内の座席数を減らして座席の間隔を広げたり、ソーシャルディスタンスのポスターを貼布して焼香時の間隔を開けて並ぶように呼び掛けたり、式場スタッフだけでなく、遺族・参列者のマスク着用を徹底されるなど、さらに新型コロナウイルスへの対策も徹底されている印象を受けました。

　私は父の葬儀を「豊格院」にお願いして本当によかったと思っています。

　私の場合、親戚で紹介してくれる人がいたのでよかったですが、葬儀社選びは大変です。事前に準備することが重要です。

　今はインターネットで簡単に検索して調べることはできます。しかし、それは表面的な部分に過ぎません。

　大切なことは、その葬儀社の「人」です。きちんと遺族の立場に立って、しっかり遺族の話を聴いて、ホスピタリティのマインドをもって対応してくれる葬儀社なのかどうかで、満足できるか後悔するかが決まります。

　自分の葬儀は一度きりです。失敗は出来ません。遺された人に「こんなはずではなかった」などと、嫌な思いはさせたくないですよね？

　最初にすべきことは信頼できる人から話を聞くことです。地元であれば、その葬儀社で実際に葬儀をした遺族や参列したことのある人に聞くことがいちばんです。

　そのなかで候補ができたら、自分で出向いてみることです。葬儀社では自社の会館を利用して見学会や事前相談会などの行事を開催しているところもありますから、出かけていくといいでしょう。そして、雰囲気を知ること。「明るいか？　暗いか？」「スタッフがきちんと元気にあいさつをするか」「質問には親切に対応してくれるか」「会館は清潔感があるか」など、自分自身でチェックポイントを決めて確認するといいです。

　家族も一緒に行って意見を聞いてもいいでしょう。

　そして「ここなら任せられる」という葬儀社が見つかったら、見積書を出してもらいましょう。そこで、疑問点があれば遠慮なく質問することが大事です。きちんとした会社なら丁寧に説明してくれるはずです。

　そして、納得したら、出来たら生前予約までしておきましょう。そうすれば、遺された人たちは大変な思いをしないですみます。

お別れの準備は自分らしく

(1) 昨今のお葬式事情

「予定していたより派手なものになった」「追加の費用が思いのほかかかった」という理由でお葬式が納得いかなかったと聞くことがよくあります。あいまいな言葉で頼んでおくと、請求書の金額を見て驚くということにもなりかねません。いくつかの葬儀会社を比較して、依頼先が決まったら、見積書をもらい、生前予約・生前契約をしておくのがよい方法です。しかし「先のことだから」と思う人が多いのが実情です。

以前は地域・家族・会社という三つのコミュニティが面倒をみてくれることもありました。しかし、地域コミュニティは崩壊し、核家族になり、終身雇用制も崩れてしまった今、生前に信頼できる葬儀社をみつけておくことが大事です。

(2) コロナ禍の葬儀

遺族側：参列者数が減り、限られた人数での葬儀の実施、通夜ぶるまいの中止など。
葬儀社：式場内の定期的な換気、式場内の座席の間隔を広げる。スタッフだけでなく、遺族・参列者のマスク着用など。

長野県の葬儀社が車から降りずに参列・焼香が可能な「ドライブスルーシステム」を導入しています。高齢者や体の不自由な人たちの参列の負担軽減のために導入したのですが、コロナ禍で注目されています。

弔電や供花・香典もクレジットカード決済で送ることができる葬儀社もあります。一部の葬儀社では葬儀をオンラインでライブ配信するサービス（zoom や YouTubeLive などを使用することが多い）も導入しています。外国や遠方に子どもや孫が住んでいる人は、オンライン参列のサービスがすでに用意されている葬儀社を検討する必要があります。

また、2020年6月現在、指定感染症の拡大時期・拡大エリアでは、葬式の参列者は10人までとなる場合が多いようです。さらに、SNS上では「祖父（祖母）が亡くなったが、移動制限があるため、故郷に戻れなかった」などと嘆く人たちが、多く見られました。このように、故人の子どもや孫、その配偶者全員が参加できない葬式が頻出してい

ます。指定感染症が収束してからの「お別れの会」や「偲ぶ会」などを実施する場合も、視野に入れておいたほうがいいでしょう。

　新型コロナウイルスの流行で遺族も葬儀社も意識や取り組みが変わりました。ウィズコロナからアフターコロナ期になったとしても、しばらくは簡素化の傾向は続きそうです。

(3) 多様化するお葬式

　葬儀会場も多種多様になってきています。家族葬専用の小さな会場、高級感のある会場、おしゃれなレストランのような会場、リビングルーム感覚の会場まであります。

　急なお通夜や葬儀では、連絡にも不備が伴い、参加したくてもスケジュールが合わない、遠方で間に合わないといったことも多いです。

　お葬式は身近な家族だけで簡便にすませ、後日に「お別れの会」や「偲ぶ会」として、ホテルやレストラン、カフェなどで行うことも多くなりました。お別れの会や偲ぶ会ならば、集まりやすい休日などを選ぶこともできるし、時間をかけて準備や演出を凝らすこともできます。

　葬儀、お別れの会や偲ぶ会などで、個性を持った多彩なオリジナル葬（自由葬）も行われるようになってきました。

　お経の代わりに音楽を使う音楽葬など、故人の職業や趣味に合わせて、さまざまな趣向を凝らすこともできます。

　胡蝶蘭で埋め尽くした偲ぶ会や、大好きだった『ローマの休日』をテーマに、花で白い橋を作った人もいます。

　故人が好きだった絵や写真、さらには骨董や盆栽を並べたり、故人愛用のギターや大型バイクを囲んで、思い出を語り合う会もあります。

　そのような自分らしいお別れができるようにするには、エンディングノートに書きのこしておく必要があります。

(4) 自分らしいお別れの準備

①自分史ムービー

結婚式などの動画の『人生の卒業式版』です。

生まれたときから今までの思い出の写真、解説のテロップ、音楽。元気なうちに、あなたのメッセージを録画することもできます。自分自身の言葉で語りかけることによって多くの参列者が感動するはずです。YouTubeに掲載して葬儀に参列できなかった人たちに見せてもいいでしょう。

②自分史

自分史をまとめる場合、ライターの力を借りることもできます。本の一部を、司会者に朗読してもらう演出もステキです。参列者の返礼品にプラスして渡してもいいでしょう。

自分史ムービーと自分史、それぞれにプロもいて、企画から製作まで相談に乗ってくれます。元気なときに、自分らしいお別れの準備に取り組んでみてはいかがでしょうか。

③遺影

亡くなってから、大急ぎで写真を探すのは大変です。スナップ写真しかなく、引き伸ばしたためにピンボケということが多々あります。

「お母さん、きれいだね」「おじいちゃん、ダンディだね」などと言われたら、うれしいですものね。遺影の写真を、そのまま仏壇用に飾ることも多いので、特に女性の場合は、きれいな写真にしてほしいものですね。

今ではスマホのカメラの画質が向上しているので簡単に写真撮影できるようになりました。

プロのヘアメイクをつけてプロカメラマンに撮っておいてもらうことも可能です。撮った写真を年代ごとに、自分史ムービーに入れたり、自分史の口絵に使うこともできます。

遺影にも使える肖像画を、画家に描いてもらうこともできます。欧米ではあたりまえですが、まだ日本では普及していないので、その意外性もおもしろいです。

(5) 死装束

　死装束というと、どうもよいイメージでは語られません。言葉のイメージの問題だけではなく、昔ながらの死装束では嫌だという人が増えています。

　欧米では、ドレスやタキシードで送られる人が多いです。日本でも看護師だった人で「白衣でおくってほしい」という人や自衛隊OBで「制服を着せてほしい」という人もいます。マナー界の第一人者でドラマやCMで多くの有名人のマナー指導をしてきた西出ひろ子さんは「ウエディングドレスを人生最後の衣装として着る」ことを提案されています。自分の最後の晴れ舞台ぐらい、ステキなファッションで旅立ちたいものです。

(6) 音楽

　音楽が嫌いな人はいません。誰にでも好きな曲や想い出の曲があるものです。故人が音楽を趣味でやっていたり、カラオケが好きで歌うのが好きであればなおさらです。葬儀で音楽が流されると、故人の想い出がよみがえり、遺族にとって癒やしになるはずです。

　私が主催しているオンラインサロンの交流会の際にメンバーに「自分の葬儀でどんな曲を流してもらいたいか」と尋ねたところ、尾崎豊からクイーン、クラシックまでいろいろでした。音楽は好みが分かれ、人柄も出ますので、ぜひ会場に流してほしいと思います。

葬儀について①

● 葬儀社

☐ 生前予約（もしくは契約）している会社がある

会社名	担当者名
電話番号	資料の保管場所

☐ 見積書をもらっている会社がある

会社名	担当者名
電話番号	見積書の保管場所

☐ 希望の葬儀社はあるが、まだ相談はしていない

会社名	電話番号

☐ 特に希望はない

● 葬儀の場所

☐ 具体的な希望場所

施設	連絡先

☐ 葬儀会館で	☐ 自宅で
☐ 宗教施設で	☐ そのほか（　　　　　　　　　　　）

● 宗教・宗派

☐ 宗教・宗派を希望する

名称	連絡先

☐ 無宗教葬を希望する

● 形式

☐ 一般的な葬式（お通夜→告別式→火葬）

☐ 1日でお通夜と告別式をする

☐ 密葬（家族と親族のみ）

☐ 密葬→後日、故人を偲ぶ会

☐ 無宗教葬（音楽葬など）

☐ 行わないでほしい（直葬を希望）

☐ 遠方在住者などで参加できない人向けに、オンライン参列をしてほしい

☐ そのほか（　　　　　　　　　　　　　　　　　　　　　　　）

　「もしものときのことは具体的に考えたくない」というのは、あたりまえの考え方です。しかし、近年、自然災害が多く発生し、またいつ感染症が大流行するかは予測できません。ニュースなどを見て気持ちが落ち着かないことがあったら、ゆっくりと書いていきましょう。

● 費用

- [ ] 私の貯蓄・財産から使ってほしい
- [ ] 保険・共済・互助会の掛け金などから使ってほしい　請求：連絡先
- [ ] 家族・親族でまかなってほしい

● 喪主

- [ ] すでにお願いしている　　　　　　氏名　　　　　　　連絡先
- [ ] お願いしたい人がいるが、依頼はまだ　氏名　　　　　　連絡先
- [ ] 家族と親族の判断に任せる

● お手伝いをお願いしたい人

氏名	関係	連絡先
氏名	関係	連絡先
氏名	関係	連絡先

● 弔辞

- [ ] すでにお願いしている　　　氏名　　　　　　関係　　　　　　連絡先
- [ ] お願いしたい人はいるが、依頼はまだしていない　氏名　　　　　関係　　　　　連絡先
- [ ] 必要ない

● 戒名（法名・法号）

- [ ] 標準的な戒名
- [ ] 戒名に希望がある　　　要望
- [ ] 戒名不要

● 遺影

- [ ] 遺影にしてほしい写真がある　保管場所　　　　　データの場合の保存場所

● 死装束

- [ ] 身につけたいものがある　　内容　　　　　　　保管場所
- [ ] 一般的なものでよい

葬儀について②

◉香典・供花

☐　一般的な形でよい　　　　　　　☐　辞退したい

☐　その他の希望（　　　　　　　　　　　　　　　　　　　　　　　　　）

◉祭壇

☐　一般的なレベルのものでよい

☐　生花祭壇　　　　　花の種類・色の希望

☐　白木祭壇

☐　その他の希望（　　　　　　　　　　　　　　　　　　　　　　　　　）

◉祭壇に飾ってほしいもの

◉葬儀で使用したい音楽

曲名（アーティスト名）

曲名（アーティスト名）

保管場所　　　　　　　　　　データの場合の保存場所

◉伝えたいメッセージ

内容

保管場所　　　　　　　　　　データの場合の保存場所

◉副葬品

棺に入れてほしいもの

◉骨つぼ

☐　希望する骨つぼがある　　　　　　☐　こだわらない

書ききれない場合は、別紙に書き、紛失しないようにノリで貼っておきましょう。

●会葬者の予定数（通常時）

	通夜	告別式	お別れ会
遺族			
親族			
友人・知人			
仕事関係			
近隣・地元関係者			
遺族の関係者			
その他			
合計			

●会葬者の予定数（指定感染症流行時）

	通夜	告別式	お別れ会
遺族・親族			
遺族・親族以外			

※通夜・告別式ともに指定感染症流行時（流行地域）の参列者のめどは10人です。
参列してほしい10人以下の人を決めておきましょう。

氏名	関係	連絡先

葬儀について③

●死亡通知

- ☐ 文面を用意している

保管場所	データの場合 の保管場所

- ☐ 業者が用意したものでよい
- ☐ 電話でよい
- ☐ 不要

●香典返し

- ☐ 地域や慣例にしたがう

（地域で相談する人の氏名：　　　　　　　　　　関係：　　　　　）

- ☐ しきたり通り（半返し）にする
- ☐ 香典返しは不要　　理由
- ☐ その他

●返礼品（会葬返礼品・粗供養品など）

- ☐ 希望するものがある

　内容

- ☐ 地域の慣例に合わせたものでよい
- ☐ 返礼品は不要

　理由

- ☐ その他（　　　　　　　　　　　　　　　　　　　）

●お別れの会・偲ぶ会

- ☐ ホテルやレストラン・カフェなどで行ってほしい
- ☐ 希望の場所で行ってほしい（　　　　　　　　　　　　）
- ☐ 不要

第 3 章

私の財産・資産について

思い出の1枚を貼りましょう

撮影日：　　　年　　月　　日　　撮影場所：

データの場合の保管場所：

預貯金について

　預貯金口座の番号などを記録するページです。暗証番号、通帳、印鑑の保管場所は、このノートに記入しないほうが安全です。別の用紙に記入しておき、家族か信頼できる人にだけ、口頭で保管場所を伝えておくといいでしょう。

　口座が多いと相続手続きが大変になるため、元気なうちに長期間使っていない口座は解約しておきましょう。

　また、預貯金は5〜10年放置すると、権利が消滅するおそれがあります。

金融機関名	支店名・店番号	口座の種類	普通・当座
口座番号	名義人		
Web用ID			
備考			

金融機関名	支店名・店番号	口座の種類	普通・当座
口座番号	名義人		
Web用ID			
備考			

金融機関名	支店名・店番号	口座の種類	普通・当座
口座番号	名義人		
Web用ID			
備考			

金融機関名	支店名・店番号	口座の種類	普通・当座
口座番号	名義人		
Web用ID			
備考			

口座自動引き落としについて

　金融機関口座の自動引き落とし（口座自動振替）の状況を記入するページです。死亡すると、その人の口座から自動引き落としはできなくなるので注意しましょう。

●引き落としの内容と口座の記録

項目	金融機関・支店	口座番号	引き落とし日	備考
電気料金			毎月　　　日	
ガス料金			毎月　　　日	
水道料金			毎月　　　日	
電話料金			毎月　　　日	
携帯電話料金			毎月　　　日	
NHK受信料			毎月　　　日	
保険料（　　　）			毎月　　　日	
保険料（　　　）			毎月　　　日	
保険料（　　　）			毎月　　　日	
クレジットカードの支払い（　　）			毎月　　　日	
クレジットカードの支払い（　　）			毎月　　　日	
クレジットカードの支払い（　　）			毎月　　　日	
動画配信サービス（　　　　）			毎月　　　日	
通販会社（　　　　）			毎月　　　日	
通販会社（　　　　）			毎月　　　日	
スポーツクラブ（　　　　）			毎月　　　日	
スクール・習い事（　　　　）			毎月　　　日	
その他（　　　　）			毎月　　　日	
その他（　　　　）			毎月　　　日	
その他（　　　　）			毎月　　　日	

保険について

　生命保険、医療保険、個人年金保険、火災保険、自動車保険、学資保険などを記入します。証券番号、保険期間は必ず書きましょう。

●生命保険／傷害保険／共済

保険会社名		保険・共済の種類
被保険者名	契約者名	記号
証券番号	契約日	
死亡保険金	満期日	
特約（入院保障ほか）		
手続きの連絡（TEL・メールアドレス）先・担当者など		
備考		

保険会社名		保険・共済の種類
被保険者名	契約者名	記号
証券番号	契約日	
死亡保険金	満期日	
特約（入院保障ほか）		
手続きの連絡（TEL・メールアドレス）先・担当者など		
備考		

保険会社名		保険・共済の種類
被保険者名	契約者名	記号
証券番号	契約日	
死亡保険金	満期日	
特約（入院保障ほか）		
手続きの連絡（TEL・メールアドレス）先・担当者など		
備考		

●火災保険

保 険 会 社 名	
保険・共済の種類・各種特約など	
証 券 番 号	契 約 日
保 険 期 間	
手続きの連絡（TEL・メールアドレス）先・担当者など	
備考	

●自動車保険

保 険 会 社 名	
保険・共済の種類	□ 自賠責　　□ 任意
証 券 番 号	車　　　名
保険金受取人	登録番号
保 険 期 間	車体番号
手続きの連絡（TEL・メールアドレス）先・担当者など	
備考	

保 険 会 社 名	
保険・共済の種類	□ 自賠責　　□ 任意
証 券 番 号	車　　　名
保険金受取人	登録番号
保 険 期 間	車体番号
手続きの連絡（TEL・メールアドレス）先・担当者など	
備考	

有価証券と
その他の金融商品について

　有価証券（株、国債、投資信託、債券など）について記入します。紙に残らないネット証券も忘れずに。その他の金融商品には、純金積立、プラチナ積立、ゴルフ・リゾートの会員権など）を記入します。

◉証券口座

銘　　　　　柄	
株　式　数	名　義　人
証　券　会　社　名	価　　　格
口座番号など	Web用ID
備考	

銘　　　　　柄	
株　式　数	名　義　人
証　券　会　社　名	価　　　格
口座番号など	Web用ID
備考	

銘　　　　　柄	
株　式　数	名　義　人
証　券　会　社　名	価　　　格
口座番号など	Web用ID
備考	

◉その他の金融商品

名称・銘柄・内容	名義人	取り扱い会社	備考（連絡先など）

株や投資信託は相続人が証券会社の口座を持っていない場合、新たな口座を開設する必要があります。

不動産について

　一戸建ての場合は土地と建物を分けて書きます。「登記簿記載内容」の欄は、抵当権の設定など、できるだけ詳しく書いておきましょう。

種　　類	□ 土地	□ 建物	□ マンション・アパート	□ その他（　　　　）
用　　途	□ 自宅	□ 別荘	□ 事務所	□ 投資用　□ その他（　　　　）

名 義 人		面　積		持ち分

所 在 地				

登記簿記載内容	備考

種　　類	□ 土地	□ 建物	□ マンション・アパート	□ その他（　　　　）
用　　途	□ 自宅	□ 別荘	□ 事務所	□ 投資用　□ その他（　　　　）

名 義 人		面　積		持ち分

所 在 地				

登記簿記載内容	備考

種　　類	□ 土地	□ 建物	□ マンション・アパート	□ その他（　　　　）
用　　途	□ 自宅	□ 別荘	□ 事務所	□ 投資用　□ その他（　　　　）

名 義 人		面　積		持ち分

所 在 地				

登記簿記載内容	備考

できれば、評価額も書いておくとよいでしょう。また貸地はもちろん、借地についても忘れずに記入しておきましょう。

クレジットカード・電子マネーについて

　不正使用防止のため、カード番号もしくは有効期限のいずれかを記入するようにしましょう。

◉各種クレジットカードの記録

カード名称	クレジット会社名	カード番号
		- - -
有効期限	**紛失時の連絡先**	**Web用ID**
備考		

カード名称	クレジット会社名	カード番号
		- - -
有効期限	**紛失時の連絡先**	
備考		

カード名称	クレジット会社名	カード番号
		- - -
有効期限	**紛失時の連絡先**	**Web用ID**
備考		

カード名称	クレジット会社名	カード番号
		- - -
有効期限	**紛失時の連絡先**	**Web用ID**
備考		

カード名称	クレジット会社名	カード番号
		- - -
有効期限	**紛失時の連絡先**	**Web用ID**
備考		

◉ WebサイトのIDの記録

利用サイト名	メールアドレス
ID	備考

利用サイト名	メールアドレス
ID	備考

利用サイト名	メールアドレス
ID	備考

利用サイト名	メールアドレス
ID	備考

利用サイト名	メールアドレス
ID	備考

◉ 電子マネー・ポイントカードの記録

カード名	番号	紛失時の連絡先

私に関すること

私の〝もしものとき〟のこと

3 私の財産・資産について

遺していくもの

デジタル遺産①
（携帯電話・パソコン）について

◉携帯電話の情報

契約会社

携帯電話番号

名義人

ロック解除パスワード

携帯メールアドレス

紛失時・契約終了時
などの連絡先

料金プランなど

メモ

契約会社

携帯電話番号

名義人

ロック解除パスワード

携帯メールアドレス

紛失時・契約終了時
などの連絡先

料金プランなど

メモ

　スマホやガラケー（携帯電話）、パソコンには個人情報がつまっています。備考欄に「もしものとき」のデジタルデータ削除に関する希望を書いておきましょう。

◉パソコンの情報

メーカー・型番など	ユーザー名／パスワード	サポートセンターなどの連絡先

プロバイダ名	プロバイダの連絡先

メールアドレス	備考

メモ

デジタル遺産②
（アプリ・SNS）について

　オンライン上で構築した人間関係は、本人しか把握していません。どうしてほしいのか、意思を明らかにしておくと、遺された人が助かります。LINEアカウントの削除は手間がかかるので、整理しておくことがおすすめです（2020年7月現在）。

◉ LINE

LINEアカウントは親族が引き継ぐことはできません。また追悼アカウントのサービスもありません。アカウントの削除基本不可ですが、個別の相談は可能です。

☐ アカウントの削除を希望する

LINE ID／登録電話番号

パスワード

◉ Twitter

アカウントを削除したい場合は、権限のある遺産相続人や家族の申請が必要です（プライバシーフォームから死亡報告を送信すると手順が届く）。

☐ アカウントの削除を希望する

アカウント名／登録アドレス（電話番号）

パスワード

◉ Facebook

友人や家族が個人の死亡を申請すると「追悼アカウント」に切り替えられます。個人の名前の近くに「追悼」と表示され、それまでの投稿は保存されます。

☐ 追悼アカウントを希望する
☐ アカウントの削除を希望する

登録アドレス／登録電話番号

パスワード

◉ Instagram

友人や家族が故人の死亡を申請すると「追悼アカウント」に切り替えが可能。切り替え後もユーザーはそのまま閲覧できます。

☐ 追悼アカウントを希望する
☐ アカウントの削除を希望する

アカウント名／登録アドレス

パスワード

◉ ブログ

運営会社によって対応が異なりますが、家族が申請するとアカウントの削除ができる場合が多い。すべての対応が各社で異なるため、引き継ぎや削除など希望がある場合は事前に問い合わせを。

☐ 追悼アカウントを希望する

サービス名／登録アドレス

パスワード

◉ YouTube

YouTubeはGoogleのアカウントと同一のため、Googleアカウントから閉鎖の申請を行います。家族がYoutuberで、収益を受けとりたい場合も申請が必要です。

☐ アカウントの削除を希望する

登録アドレス

パスワード

第 4 章

遺していくもの

思い出の1枚を貼りましょう

撮影日：　　　年　　月　　日　　撮影場所：

データの場合の保管場所：

供養・法要について

　墓地・墓石・仏壇などの祭祀財産には、相続の際、税金がかかりません。生前に購入しておくと、税金がからなくてすみます。

◉法要はここまで行ってほしい

☐ 四十九日（三十五日）	☐ 十七回忌
☐ 一周忌	☐ 二十三回忌
☐ 三回忌	☐ 二十七回忌
☐ 七回忌	☐ 三十三回忌
☐ 十三回忌	☐ そのほか（　　　　　　　　　）
☐ 法要の実施はすべて家族・親族の判断に任せる	

◉法要にかかる費用

☐ 私の財産を使ってほしい

☐ 家族・親族で工面してほしい

☐ 家族・親族の判断に任せる

◉供養

☐ お墓参りはきちんとしてほしい

☐ 仏壇の世話はできるだけ毎日してほしい

☐ 可能な範囲でいいので、ときどきお墓参りしてほしい

☐ 供養は必要ない

☐ 家族・親族の判断に任せる

永久の眠りの地

　お墓に対する考え方も、年々変化してきています。「夫のお墓には一緒に入りたくない」という主婦が増えているそうです。

　さらに核家族化が進んだ現在、お墓の継承も大きな問題です。お墓の継承者との事前の打ち合わせも欠かせません。

　多種多様な形式での納骨堂もできています。樹木葬という、墓地として許可された土地に遺骨を埋め、その土地に合った樹木を植える埋葬方法もあります。最近は、散骨を希望する人も増えています。自然に還るということから、自然葬とも呼ばれます。散骨は「遺骨を捨てる目的ではなく、あくまで埋葬を目的として、節度をもって行うならば、違法ではない」という見解を、厚生労働省や法務省が表明したことから、一気に普及しました。

　ハウスボートクラブ代表取締役社長の村田ますみさんは、母親の「お墓に入りたくない。ダイビングで行った沖縄の海に眠りたい」という希望にそって散骨したことをきっかけに海洋散骨の事業で起業されました。遺灰が青い海の中へ沈んでいくのを見て海上を照らす一筋の光に「人生が変わっていく予感」を覚えたそうです。12年後の今では海洋散骨を年間約600件（2019年）手がけるまでに成長しています。

　さらには手元供養といって、インテリアになる骨つぼなども作られ、遺骨をペンダントに入れたり、遺骨そのものをダイアモンドに加工して身につけるなどもできるようになりました。

お墓・納骨・遺品について

お墓がある場合とない場合で、記入する項目を分けてあります。

◉先祖代々のお墓がある、もしくは、すでにお墓を購入している方

墓地名 （管理会社名）	
墓地 使用権者名	
所在地	
連絡先	
祭祀継承者	氏名　　　　　　　　　　　　　　続柄

◉新たにお墓を建てる方

- ☐ 新たにお墓を購入　　希望の場所
- ☐ 合祀の永代供養墓　　希望の場所
- ☐ 納骨堂　　希望の場所
- ☐ 樹木葬墓地　　希望の場所
- ☐ 自宅においてほしい　　希望の場所
- ☐ 家族・親族の判断に任せる

◉墓石

- ☐ 一般的な墓石でよい
- ☐ 要望がある
- ☐ 家族・親族の判断に任せる

●分骨

☐ 分骨してほしくない

☐ 分骨してほしい

　　分骨先

☐ 家族・親族の判断に任せる

●散骨 (自然葬)

☐ すべて散骨してほしい

散骨方法	希望の場所

☐ 希望の会社がある

会社名	担当者名

　　電話番号

☐ 一部はお墓に納骨し、一部を散骨してほしい

☐ 一部を散骨し、一部を自宅においてほしい

☐ 希望しない

●形見分け

品物		
保管場所		
受けとってもらいたい人の氏名　この人の情報は (→P　　)	この人の情報は (→P　　)	この人の情報は (→P　　)

●日記・写真・パソコンなど

品物		
保管場所		
対処してほしい人の氏名　この人の情報は (→P　　)	この人の情報は (→P　　)	この人の情報は (→P　　)

遺言書についてのポイント

　将来に禍根を残さないために遺言書は書いておきましょう。遺言書は、後に残る人たちへの思いやりそのものです。少額の財産をめぐってトラブルが多々おきています。親族を亡くして悲しみにつつまれているとき、遺産をめぐる問題はずいぶん先まで禍根を残してしまいます。遺言書は判断力がある間に自分の意思で作成しておくことが大事です。

　「そのうちに」と思っている間に時間だけが過ぎてしまいます。高齢になって判断力が弱くなってから遺言書を作っても、バランスを欠く内容となり問題が起きることも多いです。

　テレビに多数出演され、著書も多い相続実務士の曽根恵子さんは「相続トラブルを防ぐために、財産を整理して記録することが必要。エンディングノートは正式な遺言書にはならないが、財産整理と記録のためにも書くことをおすすめします」と言います。

　この『新エンディングノート』を書くことで、財産整理と記録ができたら、それをもとにして、次は遺言書を書くとよいでしょう。

　やはり一度は、自分の身辺整理をするつもりで、遺言書を書いてみることをおすすめします。それまで見えなかったものが見えてくるかもしれません。

(1)自筆証書遺言

　自筆による遺言書で、いつでも手軽に作ることができます。法的に効果のあるものにする条件は以下の通り。
① 全文が必ず自筆。どんな用紙でもよく、縦書き、横書きを問わない。筆記具もボールペン、万年筆など何を使用してもかまわない（こすって消えるペンはNG）。
② 日付、氏名を自筆で記入。本名以外のペンネームなどでも特定できれば有効。
③ 捺印は実印でなく認印や拇印でもいい。
④ 加筆、削除、訂正は、その箇所を明確にし、修正箇所に捺印をした上、変更した旨を付記して署名。
　自筆証書遺言は、手軽な半面、トラブルも起こしやすい。遺言書そのものが偽造だと主張されることもある。
※2020年7月から手書きの遺言書を法務局に預けられるようになりました。
　全国312の法務局が、1件3,900円の手数料で、自筆遺言書を預かる制度がスタート

しました。保管先は遺言者の住所地・本籍地・所有不動産のある地のいずれかの地域の局。本人が自ら出向いて手続きが必要です。

　手続き時に職員が日付や押印の有無など形式の不備をチェックします。なお、内容の相談はできません。さらに、預ければ必ず有効と保証されるわけではありませんが、紛失や改ざんの恐れはなくなります。

（2）公正証書遺言

　公証人が入りチェックするため内容の記述方法で問題が生じる心配はない。公正証書遺言作成の条件は以下の通り。

① 公証人役場へ、証人二人以上と出向くこと

② 遺言者が遺言の内容を、公証人に口述すること

③ 公証人がその口述を筆記し、これを遺言者および証人に読み聞かせること

④ 遺言者および証人が筆記の正確なことを承認したのち、各自が署名捺印すること

⑤ 公証人がその証書を法律に定める手続きに従って作成されたものである旨を付記し、これに署名捺印すること

遺言書について

　遺言書を作成しておくと、土地や建物、預金といった遺産のうち、何をだれに相続させるのかを指定できます。たとえば「土地・建物は妻に」「〇〇銀行の預金は長女に」という具合です。遺言書がない場合は法定相続となります。

◉遺言書

☐ 自筆証書遺言

保管場所	☐ 自宅	☐ 法務局（名称	局）
作成日		年　　　月　　　日	

内容の概略

☐ 公正証書遺言

保管場所	☐ 自宅（	） ☐ 預けている（	）
作成日		年　　　月　　　日	

内容の概略

☐ 遺言書を作成していない

相続税について

(1)相続税の対象となるのは以下の通り

① 現金、預金

② 土地・建物

③ 機械や商品など、事業のための財産

④ 株式や信託などの有価証券

⑤ 特許権や著作権

⑥ 貴金属、書画骨董

⑦ 自動車、寄付金、家財道具などの財産

金銭的価値のあるものはすべて含みます。さらに相続人一人当たり500万円を超える死亡保険金や死亡退職金なども、みなし相続財産とされて課税対象になります。

(2)相続税の計算と控除など

相続税は、正味の遺産額から基礎控除額を差し引き、残りの額を相続分に案分配分して、税率をかけます。つまり、下記のような計算式となります。

遺産額 −（債務＋葬式代など）−（基礎控除額3000万円＋法定相続人の数×600万円）

以上の方式で算出された金額を、法定相続分に従って相続人に割り振った金額が、相続人各自に残された財産額となり、これに相続税率をかけて各相続人が相続税を支払うこととなります。

なお、相続税にはいろいろな控除があります。一般的な家庭ならば、上記のような控除により、相続税を心配する必要がなくなることも多いです。

●著者プロフィル

若尾 裕之 （わかお・ひろゆき）

1961年生まれ、岐阜県出身。立教大学卒業後、24年間、3社で会社員を経験。営業分野で記録的な実績を残す。日産宣伝部時代にはイチローを世界で初めて起用するなど、多数のヒットCMを制作。2007年に大病をして、生死の境をさまよったことから人生観が変わり、起業。現在はビジネスコンサルタント＆未来デザインコンサルタントとして活躍。2011年から2015年まで、立教大学経営学部兼任講師を担当。未来総合研究所代表取締役社長。
エンディングノートの第一人者としても活躍。企業や自治体・大学を含む教育機関などの幅広い分野で講演多数。コメンテーターとしてのマスコミ出演多数。監修に『家族も安心　エンディングノート』（二見書房）、著書に『ハッピーなお葬式がしたい！』（マガジンハウス）、『47歳からのエンディングデザイン』（角川フォレスタ）、『幸せは心のなかで、あなたの気づきを待っている』（PHP研究所）などがある。2020年6月からオンラインサロン『若尾裕之　未来交流会』主催。

ホームページ　　　　http://miraisoken.net/
オンラインサロン　https://community.camp-fire.jp/projects/view/275108
Twitter　　　　　　https://twitter.com/miraikouryukai
note　　　　　　　　https://note.com/miraisoken
YouTube　　　　　　「若尾裕之 未来チャンネル」で検索

取材協力　豊格院（株式会社レクスト・リンク）　　　http://www.houkakuin.jp/

未来に向けてスッキリ整理する！
新エンディングノート

発行日	2020年 8月 7日	第1版第1刷

著　者　若尾　裕之

発行者　斉藤　和邦
発行所　株式会社　秀和システム
　　　　〒135-0016
　　　　東京都江東区東陽2-4-2　新宮ビル2F
　　　　Tel 03-6264-3105（販売）Fax 03-6264-3094
印刷所　三松堂印刷株式会社　　　　Printed in Japan

ISBN978-4-7980-6249-5 C0076